SOUVENIRS
D'UNE EXPLORATION SCIENTIFIQUE
DANS LE NORD DE L'AFRIQUE.

II.
ÉTUDES
GÉOLOGIQUE ET PALÉONTOLOGIQUE
DES
HAUTS PLATEAUX DE L'ATLAS
ENTRE BOGHAR ET TIHARET

PAR

M. J. R. BOURGUIGNAT.

PARIS
CHALLAMEL AINÉ, LIBRAIRE-ÉDITEUR,
Commissionnaire pour l'Algérie, les Colonies et l'Orient,
27, RUE BELLECHASSE, ET RUE DES BOULANGERS, 30.

ALGER	CONSTANTINE	BONE
BASTIDE, LIBRAIRE-ÉDITEUR, Place du Gouvernement.	ARNOLET, LIBRAIRE-ÉDITEUR, Rue du Palais.	CAUVY, LIBRAIRE-ÉDITEUR, Papetier.

1868

OUVRAGES SCIENTIFIQUES

DU MÊME AUTEUR.

AMÉNITÉS MALACOLOGIQUES. — 2 vol. in-8 avec 45 pl. noires lithogr. Paris, 1853-1860, chez Baillière et fils, libraires, 19, rue Hautefeuille. Chaque volume 25 fr., soit. . . . . 50 fr.

SPICILÉGES MALACOLOGIQUES. — 1 vol. in-8 avec 15 pl. lithogr. noires ou color. Paris, 1862, chez Baillière et fils. . . . . 25 fr.

MOLLUSQUES NOUVEAUX, LITIGIEUX OU PEU CONNUS. — Paraissant par décade. Paris, 1863 à 1868. 8e décade in-8 contenant 38 pl. noires ou coloriées, en vente chez Savy, libraire, 24, rue Hautefeuille, au prix de 4 fr. chaque. La 9e décade est sous presse.

LETTRES MALACOLOGIQUES. — Paris, 1re, 1867; 2e, 1868, in-8.

TESTACEA NOVISSIMA quæ cl. de Saulcy, in itinere per Orientem, annis 1850 et 1851, collegit. Paris, 1852, in-8, chez Baillière et fils. . . . . 2 fr. 50

CATALOGUE RAISONNÉ DES MOLLUSQUES TERRESTRES ET FLUVIATILES recueillis par M. de Saulcy pendant son voyage en Orient. 1 vol. in-4 avec pl. noires lithogr. Paris, 1853, chez Gide et Baudry, libraires éditeurs, 5, rue Bonaparte, et chez Baillière et fils.

MONOGRAPHIE DE L'ANCYLUS JANI.—Brochure in-8, 1853, chez Baillière et fils. 1 fr.

DESCRIPTIONS D'ANCYLES NOUVEAUX de la collection de M. Cuming, précédées d'une notice sur le genre *Ancylus*, et d'un catalogue complet des espèces qui le composent. Londres, 1853, brochure in-8 avec 1 pl. noire. . . . . 4 fr.

MONOGRAPHIE DES ESPÈCES FRANÇAISES DU GENRE SPHÆRIUM, suivie d'un catalogue synonymique des sphéries constatées en France à l'état fossile. 1 vol. in-8 avec 4 pl. noires lith. Bordeaux, 1854, chez Baillière et fils. . . . . 6 fr.

NOTICE SUR UNE PIERRE TOMBALE conservée en l'église Notre-Dame de la Ville-au-Bois. 1 vol. in-4 avec titre et les têtes de chapitres chromolithographiées dans le texte, et 3 pl. noires et coloriées. Bar-sur-Aube, 1855. . . . . 10 fr.

CATALOGUE RAISONNÉ DES PLANTES VASCULAIRES du département de l'Aube. 1 vol. in-8. Paris, 1856, chez Baillière et fils. . . . . 5 fr.

MALACOLOGIE TERRESTRE DE L'ILE DU CHATEAU D'IF, près de Marseille. — In-8

ÉTUDES

GÉOLOGIQUE ET PALÉONTOLOGIQUE

DES

HAUTS PLATEAUX DE L'ATLAS

ENTRE BOGHAR ET TIHARET.

Paris, février 1868.

A

M. ARISTIDE LETOURNEUX,

Conseiller à la Cour impériale d'Alger,

ET

M. LE Dr PAUL MARÈS.

Vous souvenez-vous d'un jour où, accablés de chaleur, nous étions étendus près d'un petit suintement d'eau, Aïn-Sedra, je crois, cherchant, par tous les moyens possibles, un peu de fraîcheur; vous souvenez-vous, dis-je, combien vous regrettiez le temps perdu à cette maudite course de Sebaïn-Aïoun, combien vous étiez désolés du peu d'intérêt scientifique des hauts plateaux que nous traversions?

Détrompez-vous! Cette course n'a pas été inutile, puisqu'elle me donne l'occasion, en relatant vos observations, de placer en tête de ce chapitre vos noms, qui sont les noms de braves et de charmants compagnons, dont j'ai conservé le meilleur souvenir.

I

J'ai raconté, au chapitre des *monuments symboliques*, comment je fus amené à entreprendre une exploration scientifique sur les hauts plateaux du désert du Sersou.

J'étais parti, en compagnie de mes excellents amis, le conseiller Letourneux, d'Alger, et le Dr Paul Marès, de Paris, de Téniet-el-Haad, dans la matinée du jeudi 18 avril.

Le lendemain, 19 avril, j'avais quitté le bordj d'Aïn-Toukria, demeure du bach agha Amor ben Ferhat du Gueblah.

J'arrivais, enfin, dans la soirée du 19, après une journée des plus fatigantes, au douar du caïd Ben Tayeb, à Sebaïn-Aïoun.

Voici le motif qui nous avait fait diriger nos pas vers les tentes du caïd Ben Tayeb.

A Téniet-el-Haad, on nous avait signalé, comme une merveille du désert, comme un lieu de délices, la vallée de Sebaïn-Aïoun, où, au dire des personnes, s'épanchaient sur un tapis de verdure les eaux limpides de soixante-dix magnifiques sources.

Une pareille merveille sur les hauts plateaux, en plein désert du Sersou, était bien capable de nous faire venir l'eau à la bouche. On ne trouve pas, comme on le veut, de l'eau au désert.

La course de Sebaïn-Aïoun fut donc décidée.

Je m'imaginais, c'est-à-dire nous nous imaginions, mes amis et moi, que nous allions rencontrer, dans cette vallée, une oasis de palmiers, de lentisques et de lauriers-roses, un vallon d'ombre et de fraîcheur.

Pendant les journées des 18 et 19 avril, nous avions supporté avec courage des chemins impraticables, une chaleur saharienne, une cuisine impossible, et, chaque fois que la fatigue physique ou la lassitude de l'esprit reprenaient le dessus, nous nous faisions briller mutuellement à la pensée cette délicieuse Sebaïn-Aïoun. Bref, on soupirait d'autant plus après cette oasis de bonheur, que l'on avait le gosier plus desséché, que le soleil était plus ardent.

Le premier jour, on avait fait la sieste, sur le midi, par 42 degrés et demi au soleil, près d'un misérable trou d'eau trouble et croupie, Aïn-Melloulen, où grouillaient des salamandres et d'innombrables insectes, où surnageaient des milliers de poils de boucs et de chameaux.

Le second jour, on s'était reposé, sur les onze heures, près d'une fontaine abondante, Aïn-Tisemsin, dont l'eau était rendue nauséabonde par des quantités de tortues d'eau, si infectes au toucher; on s'était reposé, dis-je, juste au moment où l'on avait le plus besoin d'une eau claire et limpide. Au désert, on ne choisit pas ses haltes!

Dans le courant de la journée, on ne put rencontrer, vers le haut d'une colline, qu'un tout petit trou vaseux, d'où nous fîmes fuir, comme des oiseaux affolés, quelques misérables femmes arabes qui venaient y faire leurs provisions.

Le soir, lorsqu'on atteignit le Nahr-Ouassel, ses flots étaient jaunâtres, ses eaux étaient fades, comme salées. Mais, au dire des guides, on était si près de la charmante Sebaïn, que, d'un commun accord, on préféra hâter le trot des montures pour savourer plus vite l'ombre et la fraîcheur.

On avait cependant beau avancer, on avait beau regarder, l'oasis restait toujours invisible; quand, après avoir traversé un petit filet d'eau, après avoir accordé un regard à deux ou trois figuiers rabougris, comme à de vieilles connaissances qu'on est heureux de retrouver, les guides firent arrêter; on était arrivé. Le but, à ce qu'il paraît, était atteint.

Je regardais, je vis un sol caillouteux avec quelques chétifs gazons; en face, se dressaient les tentes du caïd Ben Tayeb, et, tout autour, la vue s'étendait sur une plaine désolée, immense, fuyant à l'horizon et se perdant dans la brume. Quant à l'oasis verdoyante, elle s'était éclipsée, elle s'était perdue dans le royaume où vont se perdre les châteaux en Espagne.

Il est vrai que je venais de traverser un vallon d'une cinquantaine de mètres de large, qu'au milieu de ce vallon mon cheval avait franchi d'un seul bond un petit filet d'eau. Or ce filet d'eau était le fleuve des soixante-dix sources, ce vallon était la délicieuse oasis, ces deux ou trois figuiers étaient ce bois charmant aux ombrages si vantés et si désirés.

J'ai rarement éprouvé une plus grande déception.

Quant à mes compagnons, jamais, autant qu'il m'en souvient, ils ne se maudirent d'aussi bon cœur d'avoir écouté les conseils des donneurs d'avis de Téniet, d'avoir entrepris une si longue et une si pénible course.

Il y a, certes, loin de Téniet-el-Haad à Sebaïn-Aïoun!

Ce qui exaspérait surtout mes amis était d'avoir sacrifié, pour cette maudite Sebaïn, des localités bien autrement intéressantes à visiter et à étudier; lorsqu'une pareille course pouvait mettre un de nous sur les dents et arrêter, par cela même, les projets futurs d'exploration. C'est ce qui est malheureusement arrivé.

Il fallait faire contre fortune bon cœur.

La flore et la faune du plateau où nous nous trouvions étaient d'une pauvreté désespérante. On se lança à corps perdu dans l'étude du sol.

Ce sont donc les résultats géologique et paléontologique de nos observations que je présente en ce moment. Quand je dis nos observations, je veux plutôt dire des observations de mes bons amis Marès et Letourneux. J'étais, en effet, si fatigué en ce jour, et je fus, le lendemain, si exténué, que je n'étais pas propre à grand'chose.

II

Je n'ai pas la prétention, je dois l'avouer, de donner une étude complète du système géologique de *tous* les hauts plateaux de l'atlas; j'ai seulement le désir d'exposer celui des parties explorées les 19 et 20 avril, depuis Sebaïn-Aïoun, à 4 heures de Tiharet, jusqu'au douar des Doui-Hasseni, à 5 heures de Boghar.

Les observations que l'on a pu faire, dans ces deux journées, sur toute cette partie du Sersou, c'est-à-dire sur une étendue de 70 à 80 kilomètres, sont intéressantes à ce point, qu'elles sont applicables à toutes les autres parties inexplorées de ce *même* plateau, en ce sens que ce qui est vrai pour un point doit l'être également pour un autre. Une même cause produit toujours les mêmes effets.

Je vais donc relater simplement les résultats de nos observations; je passerai ensuite à l'étude des espèces; je terminerai enfin par des conclusions générales de géologie et de paléontologie, d'après ce principe qu'on ne devrait jamais violer : la synthèse après l'analyse.

III

Le plateau de Sebaïn-Aïoun est entièrement composé d'un conglomérat de cailloux roulés de calcédoine et de calcaires divers, cimentés par une matière siliceuse et gréseuse d'une excessive dureté. Çà et là l'on remarque, par groupe et non par assises, des pierres calcaires souvent fort grosses, enfin de vrais grès non roulés ; toutes ces pierres de nature et de provenance diverses forment, sur une épaisseur de 2 à 2 mètres et demi, un tout d'une grande résistance.

Au-dessous de ce conglomérat, qui s'étend sur tout ce plateau d'une manière parfaitement horizontale, se trouvent de puissantes assises de marnes argileuses, très-effervescentes, bleuâtres, devenant jaunacées lorsqu'elles sont exposées pendant un certain temps à l'ardeur du soleil.

Entre ce conglomérat et ces masses de marnes, existe une nappe aquifère. C'est cette nappe d'eau qui donne naissance à toutes les sources du petit vallon de Sebaïn-Aïoun.

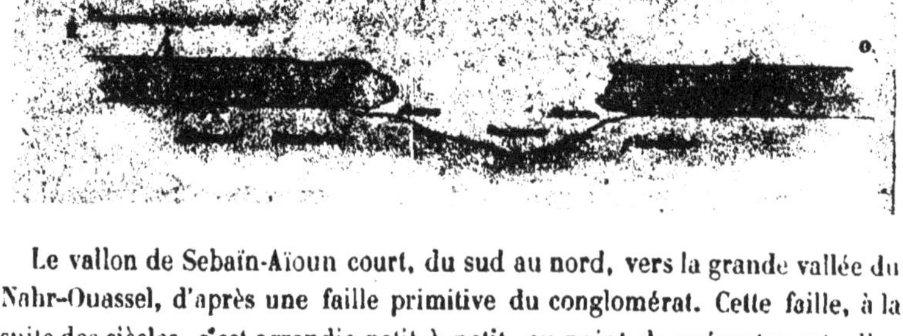

Le vallon de Sebaïn-Aïoun court, du sud au nord, vers la grande vallée du Nahr-Ouassel, d'après une faille primitive du conglomérat. Cette faille, à la suite des siècles, s'est agrandie petit à petit, au point de présenter actuellement une dépression d'une largeur moyenne d'une cinquantaine de mètres.

L'eau, qui est excellente, suinte de tous côtés le long de ce vallon. Elle sort du point de contact du conglomérat avec les assises de marnes, pour former un petit ruisseau qui va se perdre dans le Nahr-Ouassel.

Voici la température de quelques-unes de ces sources relevée par notre ami le docteur Marès, par 26° 3' à l'ombre et 37° 5' au soleil, à six heures moins un quart du soir.

SOURCES

DE LA RIVE DROITE.		DE LA RIVE GAUCHE.	
1re vis-à-vis le campement. . .	16° 4'	1re vis-à-vis le campement. . .	16° 1'
A 30 mètres en aval.	16° 4'	A 30 mètres en aval.	17° 4'
Id.	16° 9'	*Id.*	17°
A 50 mètres en aval.	16° 4'	A 20 mètres en aval.	16° 9'

La température de ces sources, comme on le voit, est presque la même, à quelques dixièmes de degré près; ce qui indique bien pour ces eaux une origine commune. Si quelques-unes de ces sources possèdent un peu plus de calorique, cela provient de ce que, dans leurs parcours souterrains, elles ont dû traverser des parties où les couches un peu moins épaisses du conglomérat ont permis aux rayons du soleil de laisser pénétrer un peu plus de chaleur.

A partir de Sebaïn-Aïoun, lorsque le lendemain, de bonne heure, on quitta les tentes du caïd Ben Tayeb pour se diriger sur celles du caïd des Doui-Hasseni, on ne cessa, pendant toute la matinée, de fouler un sol dur, caillouteux, à peine recouvert de pauvres gazons à moitié desséchés. C'était la continuation du conglomérat de Sebaïn.

Sur le midi, l'on s'arrêta quelques moments dans une légère dépression près d'une petite source (Aïn-Sedra) aux eaux fades (15° 8'), comme chargées de sulfate de potasse. Ainsi qu'à Sebaïn, cette source, qui peut bien débiter une vingtaine de litres à la minute, sort du point de contact des conglomérats avec les marnes bleuâtres.

A une heure de distance de cette petite aïn, ce conglomérat, que l'on foule depuis la pointe du jour, disparaît en grande partie, et l'on aperçoit çà et là des affleurements de grès. Il est vrai qu'en cet endroit existe un léger boursouflement de terrain, qui a permis le dénudement. Il y a cependant, toujours à la surface, des cailloux roulés avec de nombreux débris de grès. Enfin, un peu plus loin, reparaît le maudit conglomérat.

A 3 ou 4 kilomètres au delà, on descend une nouvelle dépression, où sourdent quelques filets d'eau (Aïn-Bedda mtâ Senaïa), et, à 2 kilomètres encore plus loin, l'on redescend encore dans une autre dépression, où se trouve également un suintement, une aïn, dont je n'ai pu savoir le nom. Toutes ces aïns sont, comme celle d'Aïn-Sedra, de *petites sebaïn-aïoun*, c'est-à-dire des sources s'échappant du point de contact du conglomérat avec les marnes bleuâtres.

Les eaux de ces aïns se dirigent toutes vers la vallée du Nahr-Ouassel.

Nous sommes nous-mêmes forcés, pour abréger notre route, de nous diriger sur le Nahr-Ouassel, qui en cet endroit forme un grand coude vers le sud. On descend donc du plateau, pour suivre pendant quelque temps la plaine d'alluvions de cette vallée.

Du fond de la vallée, les hauts plateaux que l'on vient de quitter paraissent presque à pic et semblent former sur notre droite une série de fronts de collines servant de berge.

Ces collines sont formées de masses argileuses alternant avec des assises de grès, inclinées vers le sud. Au-dessus de ces argiles et de ces grès, repose, en une couche parfaitement horizontale, le conglomérat, représenté en cet endroit par un travertin blanc farineux à la partie inférieure et par un banc calcaire fort dur à la partie supérieure.

Coupe d'une colline formant berge sur la vallée du Nahr-Ouassel.

La couche de travertin peut avoir une puissance de 60 centimètres; la couche de calcaire, 80 centimètres.

Mais, à 4 kilomètres plus loin, l'on rencontre une colline formant berge, où la couche de travertin est bien autrement puissante, puisqu'elle atteint au moins 10 mètres, tandis que la couche calcaire supérieure possède à peine 1 mètre.

Coupe d'une autre colline formant berge sur la vallée du Nahr-Ouassel.

On est forcé de quitter de nouveau la vallée du Nahr-Ouassel, qui se dirige brusquement vers le nord, pour regagner les hauts plateaux. Pendant plus de trois heures, on foule encore le même conglomérat; enfin l'on finit par arriver à un ravin triste, sévère, dénudé et décharné, où commencent à apparaître de nombreux tumulus, où le conglomérat disparaît complétement pour faire place à de puissants bancs de grès qui plongent vers le sud.

A partir de ce point, les guides nous dirigent encore une fois vers la vallée alluvionnaire du Nahr-Ouassel, d'où nous apercevons, à notre droite, les mêmes plateaux formant berges, avec leurs assises de marnes et de grès couronnés, comme toujours, par l'assise horizontale du conglomérat.

Enfin, à notre arrivée au douar des Doui-Hasseni, la tente est dressée sur de puissantes assises de grès.

Le plateau des Doui-Hasseni, situé sur la rive droite du Nahr-Ouassel, vis-à-vis le confluent de l'Oued-Issa, plateau exploré par nous dans la matinée du 21 avril, présente un sol de grès profondément érosé.

A 1.000 ou 1,500 mètres, ce plateau se trouve comme encerclé par des fronts de collines formant berge.

On aperçoit, notamment, une colline plus rapprochée, qui semble isolée, espèce de gara, nommée par les gens du douar El-Goléa.

Cette colline, de forme ovalaire, magnifique témoin du sol primitif des hauts plateaux, d'une hauteur de 30 à 40 mètres, a, à sa partie supérieure, 80 mètres de l'est à l'ouest et 50 mètres du nord au sud.

Le sommet de cette colline se compose d'une assise de travertin blanc, friable en certains endroits, très-compacte en d'autres, et surplombant, de tous côtés, dans le vide, à l'exception d'un seul point où se trouve une anfractuosité qui laisse accès au passage.

Au-dessous de ce travertin, d'une puissance de 8 mètres, existe, sur une épaisseur de 4 mètres environ, une couche de grès sableux mélangés de petits cailloux siliceux et de grains calcaires excessivement fins. Cette couche finit par se fondre insensiblement avec une autre inférieure.

Cette autre couche est composée de marnes rougeâtres, d'une puissance de 15 mètres, présentant çà et là quelques assises de marnes de même couleur, mais assez dures et assez résistantes pour former presque roches.

Ces marnes rougeâtres renferment, en assez grande quantité, des coquilles fossiles appartenant aux genres Helix et Bulimus.

Enfin, au-dessous de ces marnes, reparaît le conglomérat, sur une épaisseur de 7 à 8 mètres, avec des caractères presque identiques à celui de Sebaïn-Aïoun.

Ce conglomérat paraît composé de calcaires jaunes ou grisâtres, de quelques silex et de nombreux fragments de grès. Tous ces cailloux, toutes ces pierres sont roulés et sont agglutinés au moyen d'un ciment gréseux excessivement résistant. Cette matière semble avoir été si abondante, qu'elle forme, à la superficie, des plaques gréseuses souvent assez volumineuses.

Ce conglomérat ne possède aucuns cailloux, ni ne présente aucun point d'analogie avec le travertin de la partie supérieure de la colline. Ces deux couches sont donc des dépôts distincts et d'époques différentes.

Sous ce conglomérat, comme à Sebaïn, apparaissent les marnes bleuâtres, sur une épaisseur de 30 à 40 mètres; ces marnes, d'un aspect un peu verdâtre de loin, sont, en réalité, d'un ton cendré bleuâtre, lorsqu'elles sont fraîchement extraites. Elles renferment çà et là des rognons marneux, souvent aussi durs qu'une roche; elles contiennent, de plus, les débris d'un certain nombre d'animaux marins.

Au-dessous de ces marnes se trouvent des bancs de grès durs, jaunâtres, plongeant toujours vers le sud et recouvrant tout le plateau dénudé des Doui-Hasseni, où notre tente avait été dressée.

Telles sont les observations géologiques faites pendant notre course de Sebaïn aux Doui-Hasseni.

Il résulte de ces observations, poursuivies sur une étendue de 70 à 80 kilomètres, ces faits importants et d'une bien grande valeur géologique :

1° Qu'une série d'assises de grès et de marnes s'alternant les unes aux autres plongent toutes d'une manière uniforme et constante vers le sud;

2° Qu'au-dessus de ces assises se trouve, *en couche horizontale*, c'est-à-dire *en discordance de stratification*, un conglomérat continu.

Ces faits bien positifs sont indéniables; les coupes géologiques que je viens de donner sont, je pense, assez claires pour qu'il n'y ait aucun doute à ce sujet.

Il me reste maintenant, avant de passer aux conséquences de ces faits, à démontrer :

1° A quelle période géologique appartiennent ces grès et ces marnes bleuâtres qui plongent vers le sud;

2° A quelle époque il faut rapporter l'assise du conglomérat.

Les fossiles recueillis pendant notre course vont donner la solution de ces problèmes.

IV

La couche marneuse, qui se trouve en discordance de stratification, comme je viens de le dire, avec l'assise du conglomérat, qui repose immédiatement au-dessus, a fourni quelques fossiles.

Ces débris fossiles ont tous été recueillis, par nos amis Marès et Letourneux, dans la matinée du 21 avril.

Ces fossiles, en petit nombre malheureusement, sont cependant suffisants pour donner l'âge relatif du terrain.

Parmi ces fossiles, j'ai reconnu quelques empreintes de *fucus*, quelques *oursins* indéterminables; enfin six espèces parfaitement caractérisées, dont trois ptéropodes et trois acéphalés.

Les trois ptéropodes appartiennent à des espèces nouvelles, ce sont les :

1° Cleodora Maresi,
2° Creseis Letourneuxi,
3° — Dussertiana ;

Les trois acéphalés, aux genres Neæra, Leda et Pecten.

De ces acéphalés, un seul, la

Neæra Maresi,

est nouveau et inédit. Les deux autres, les

Leda subnicobarica,
Pecten cristatus

sont des espèces *caractéristiques* du subapennin, autrement dit, du pliocène.

Il ne peut y avoir de doute à ce sujet.

Les assises des marnes bleuâtres et de grès sont donc de l'époque pliocène.

Quant aux fossiles trouvés au-dessus de ces marnes, dans les couches horizontales, c'est-à-dire *en discordance de stratification*, ces fossiles sont tous des coquilles terrestres appartenant, par leur forme et leurs caractères spécifiques, à la faune *actuelle* du système européen.

Sur ces coquilles terrestres neuf sont nouvelles et inédites, la dixième vit encore de nos jours. Ces espèces sont :

1° Helix euthygyra,
2° — catostoma,
3° — stomatoloxa,
4° — palæa,
5° — geralæa,
6° — archæa,
7° — eustrongyla,
8° — eusphæridia,
9° — sustellostoma,
10° Bulimus decollatus.

La première espèce, l'*euthygyra*, appartient au groupe de l'Helix Dumortieriana, subsenilis, etc.....

Les cinq suivantes, les *catostoma*, *stomatoloxa*, *palæa*, *geralæa* et *archæa*, font partie de cette série d'espèces si abondantes actuellement en Algérie sous les noms de Lucasi, calendymus, Juilleti, abrolena, xanthodon, embia, etc.....

L'*eustrongyla*, de son côté, peut être considérée comme un *ancêtre de formes* encore répandues sur les hauts plateaux et connues sous les appellations d'Helix Berlieri et lacertarum.

Enfin les *eusphæridia* et *sustellostoma* sont des représentants d'Hélices qui ne vivent plus maintenant dans le nord de l'Afrique. Ces coquilles appartiennent à un groupe d'espèces intermédiaires entre l'Helix dolopida et les Helix bidens et cobresiana.

Quant aux débris fossiles du genre Bulimus, ce sont incontestablement des débris d'ancêtres préhistoriques de notre *Bulimus decollatus* actuel, si commun et si répandu dans toutes les contrées du littoral de la Méditerranée.

Ces espèces sont donc des *espèces caractéristiques* de l'époque quaternaire autrement dite contemporaine.

V

Je passe maintenant à l'étude de ces espèces fossiles.

CLEODORA MARESI.

Testa valde compressa, triangulari, fragillima, transverse sulcato-striata, ad latera subangulata, ad basin acuminato-cuspidata ac antice leviter versa; — apertura angustissima, compresso-elongatissima, sinistrorsus dextrorsusque angulata; labris arcuatis, æqualibus et acutis.

Coquille excessivement comprimée, triangulaire, des plus fragiles, transversalement ornée de costulations régulières, parallèles, assez prononcées. Test à peine convexe, très-comprimé, se terminant en une pointe assez aiguë, un peu projetée en avant, et présentant de chaque côté une partie anguleuse; ouverture très-étroite, transversalement allongée, anguleuse sur les côtés. Lèvres péristomales arquées, égales, à bords excessivement délicats.

Hauteur. . .	9 millimètres.
Diamètre. . .	6 —

Cette espèce ressemble un peu à la Cleodora inflata (1) de l'océan Atlantique; mais elle se distingue de cette coquille par son test plus volumineux, plus développé, par son extrémité non mamelonnée.

(1) *Eydoux* et *Souleyet*, voy. Bonite, [illegible] p. 188, pl. VII, fig. 17-19. — Cleodora inflata, *Rang* et *Souleyet*, Moll. ptéropodes, p. 53, pl. [illegible] fig. 17-19, 1852.

CRESEIS LETOURNEUXI.

Testa infundibuliformi, acute conica, ventricoso-rotundata, fragili, lævigata, superne coarctata; apice recto, acutissimo; — apertura angustata, rotundata; labro supero infero productiore.

Coquille ventrue, arrondie, très-conique, ressemblant à un cornet. Test lisse, fragile, légèrement contracté vers l'ouverture. Sommet aigu et rectiligne. Ouverture rétrécie, arrondie, offrant un bord beaucoup plus prolongé que l'autre.

Hauteur. . . 7 1/2 millimètres.
Diamètre. . . 2 1/2 —

CRESEIS DUSSERTIANA.

Testa lanceolato-conica, ventricoso-rotundata, fragili, lævigata; — apice recto, acutissimo; — apertura exacte rotundata; labris acutis, rectis.

Coquille lancéolée, très-effilée, ventrue-arrondie, allant en s'aiguisant comme un cornet. Test lisse et fragile. Sommet droit, successivement aigu. Ouverture parfaitement arrondie aux lèvres péristomales aiguës, simples et droites.

Hauteur. . . 5 1/2 millimètres.
Diamètre. . . 1 1/2 —

Je dédie cette espèce à M. Dussert, garde général de la belle forêt de cèdres de Téniet-el-Haad, en souvenir de son affabilité et de son extrême obligeance.

Ces trois espèces de ptéropodes, que je viens de décrire, étaient de petits mollusques pélagiens, à coquille très-mince, très-fragile, de forme conique, triangulaire ou pyramidale. Chez ces espèces, l'ouverture est grande ; elle occupe la base du cône (Creseis) ou de la pyramide (Cleodora). — Les Cléodores et les Creseis vivent encore actuellement dans presque toutes les mers, principalement dans les mers tropicales (1).

A l'état fossile, les espèces de ces genres ont été constatées assez souvent dans les étages éocène, miocène et pliocène de la période tertiaire (2).

NEÆRA MARESI.

Testa fragili, antice infraque inflato-rotundata, postice compressa, ac in minuto rostro subtruncato producta; antice transversim costulata (costæ in medio valvarum evanescentes), ac e natibus usque ad marginem pallealem eleganter bicostata (costæ productæ, paulatim divergentes).

Coquille fragile, antérieurement et inférieurement renflée, arrondie, comprimée à sa partie postérieure et se prolongeant sous la forme d'un petit rostre légèrement tronqué. Test lisse, à l'exception de sa partie antérieure, qui se trouve ornée d'élégantes costulations qui s'évanouissent sur le milieu de la convexité des valves, et présentant, en outre, des sommets au bord palléal, deux côtes, comme de fortes arêtes allant en s'écartant peu à peu l'une de l'autre. Sommets assez renflés.

Longueur. . .	7	millimètres.
Largeur. . . .	5	—

Un assez grand nombre de Neæra, toutes différentes de celle-ci, ont été constatées, à l'état fossile, dans les terrains tertiaires. Les principales espèces sont :

La Neæra cuspidata d'*Hinds* (Tellina cuspidata d'*Olivi*, Mya rostrata de *Spengler*, Erycina cuspidata de *Risso*, Corbula cuspidata de *Philippi*, ou Tellina cuspidata de *Brocchi*), du pliocène du Piémont et du quaternaire de Sicile;

(1) Voyez, à ce sujet, l'excellente Monographie des ptéropodes, par *Rang* et *Souleyet*, 1 vol. avec pl. col., Paris, 1852.

(2) Voyez, à ce sujet, le Prodrome de paléontologie d'*Alc. d'Orbigny*, 3 vol. in-12, Paris, 1852; — l'Index palæontologicus de *Bronn*, 2 vol. in-8, Stuttgard, 1848; — le Traité de paléontologie de *Pictet*, 3 vol. in-8 avec 1 atlas in-4, Paris, 1855; — etc., etc.

La Neæra costellata de *Forbes* (Corbula costellata de *Deshayes*), du pliocène de Grèce et du quaternaire de Sicile.

La Neæra Waelii (Corbula Waelii de *Nyst*), d'Anvers;

La Neæra fragilis (Corbula fragilis de *Nyst*), du Limbourg;

Enfin les Neæra Victoriæ (Corbula Victoriæ de *Melleville*), Neæra dispar de *Morris*, Neæra cochlearella et argentea de *Deshayes*, etc., etc., des terrains tertiaires de France;

Etc., etc.

LEDA SUBNICOBARICA.

Leda subnicobarica, *d'Orbigny*, Prodr. paléont., t. III, p. 181, 1852.
(Nucula nicobarica [non *Lamarck*] des paléontologistes.)

Espèce caractéristique du pliocène de l'Astezan, en Italie.

PECTEN CRISTATUS.

Ostrea pleuronectes (non *Linnæus*, 1758), *Brocchi*, Conch. subapen., II, p. 573, 1814.

Pecten pleuronectes (1), *Risso*, Hist. nat. Eur. mérid., t. IV, p. 30, 1826.

Pecten cristatus, *Bronn*, It. tert. Geb., p. 116, 1827.

— *Goldfuss*, Petref., II, p. 77, pl. XCIX, fig. 13, 1836.

— *Bronn*, Ind. palæont., t. I, p. 922, 1848.

— *d'Orbigny*, Prodr. paléont., t. III, p. 186, 1852.

Fossile caractéristique du pliocène. Cette espèce a été constatée dans les pliocènes de l'Astezan en Italie, de Perpignan en France, de Vienne en Autriche. — D'Orbigny la cite même de l'Algérie, seulement sans indications de localité.

Dans les marnes bleuâtres, au-dessous de la gara d'El-Goléa aux Doui-Posseni, cette coquille paraît être assez abondante.

(1) Non Pecten pleuronectes de *Faujas*, qui est le Pecten Nilssoni de *Goldfuss*.

HELIX EUTHYGYRA.

Testa imperforata, depressa, supra convexiuscula, subtus compressa, solidiuscula; — spira parum convexa; apice obtuso; — anfractibus 5 convexiusculis, regulariter celeriterque crescentibus, sutura parum impressa separatis; ultimo majore, leviter inflato, rotundato, subtus compresso, ad aperturam recto, non descendente; — apertura leviter obliqua, lunato-oblonga, exigua; peristomate obtusato, vix expansiusculo; margine columellari, fere horizontali, sat recto, stricto, tuberculifero, ad locum perforationis late reflexo et adpresso; marginibus callo junctis.

Coquille imperforée, déprimée, faiblement convexe en dessus, comprimée en dessous, à test assez solide. Spire peu convexe, à sommet obtus. Cinq tours légèrement convexes, à croissance régulière et rapide, séparés par une suture peu profonde. Dernier tour relativement plus grand, un peu renflé, arrondi, comprimé en dessous et offrant vers l'ouverture une direction rectiligne et non descendante. Ouverture faiblement oblique, exiguë, échancrée, de forme oblongue. Péristome obtus, épaissi, à peine évasé. Bord columellaire rectiligne, presque horizontal, comprimé, pourvu, vers sa partie médiane, d'une éminence tuberculeuse assez prononcée. Callus columellaire largement appliqué sur la partie ombilicale. Bords marginaux réunis par une callosité.

Hauteur. . .	11	millimètres.
Diamètre. . .	20	—

Cette espèce se distingue, de toutes celles que je vais décrire, par son dernier tour rectiligne vers l'ouverture et n'offrant jamais une direction plus ou moins descendante, comme chez les catostoma, stomatoloxa, palæa, geralæa et archæa.

HELIX CATOSTOMA.

Testa imperforata, depresso-globulosa, striatula; — spira valde convexa; apice minuto, lævigato; — anfractibus 5 1/2 convexiusculis, regulariter crescentibus, sutura parum (in ultimo magis) impressa separatis; — ultimo majore, fere rotundato, subtus leviter compresso, ad aperturam subito ad basin valide perdeflexo descendente; — apertura perobliqua, fere horizontali, basin spectante, vix lunata, transverse oblonga; peristomate (in adultissimis speciminibus) continuo, intus incrassato, leviter expanso, obtusato; margine columellari valido, stricto, gibboso-tuberculifero ac late reflexo, locum perforationis omnino tegente ac in convexitate ultimi adpresso.

Coquille imperforée, globuleuse-déprimée striée, pourvue d'une spire très-convexe, à sommet lisse et petit. Cinq tours et demi légèrement convexes, à croissance régulière, séparés par une suture, d'abord peu prononcée, puis devenant, vers le dernier tour, de plus en plus marquée et profonde. Dernier tour plus développé, presque arrondi, bien qu'un peu comprimé en dessous et présentant, vers l'ouverture, une direction descendante subite et si rapide, que l'orifice apertural devient presque horizontal. Ouverture transversalement oblongue et relativement petite. Péristome encrassé, épais, obtus, légèrement évasé et continu chez les individus très-adultes. Bord columellaire robuste, comprimé, tuberculeux et largement réfléchi sur la perforation ombilicale entièrement recouverte par un callus épais.

Hauteur. . .	10	millimètres.
Diamètre. . .	18	—

HELIX STOMATOLOXA.

Testa imperforata, depressa, striatula, zonata; spira convexa; apice minuto, acuto, lævigato; — anfractibus 5 convexiusculis, regulariter ac sat velociter crescentibus, sutura fere lineari (in ultimo) sat impressa separatis; ultimo rotundato-compresso, ad aperturam subito perdeflexo-descendente; — apertura perobliqua, exigua, transverse oblonga; peristomate continuo, incrassato, obtusato, leviter expanso; margine columellari stricto, tuberculifero, late reflexo, locum perforationis omnino tegente.

Coquille imperforée, déprimée, légèrement striée et ayant dû être ornée de trois ou quatre zones d'une teinte plus foncée que le reste du test. Spire convexe, à sommet lisse, petit et aigu. Cinq tours faiblement convexes, à croissance régulière, bien qu'assez rapide, séparés par une suture bien prononcée au dernier tour et seulement linéaire entre les autres. Dernier tour arrondi-comprimé, offrant, vers l'ouverture, une direction descendante subite et très-rapide. Ouverture très-oblique, petite, rétrécie, de formo oblongue.

Péristome continu, épais, obtus, légèrement évasé. Bord columellaire comprimé, tuberculeux et largement réfléchi sous la forme d'un callus, épais sur toute la partie ombilicale, qui est entièrement recouverte.

Hauteur. . .	13 millimètres.
Diamètre. . .	23 —

Cette espèce se distingue de la *catostoma* par sa taille plus grande; par sa forme plus déprimée; par sa spire moins convexe; par ses tours s'accroissant avec plus de rapidité; par son dernier tour ne présentant pas une direction descendante aussi forte et aussi accentuée; enfin par son ouverture très-oblique, mais non pas horizontale et regardant la base comme celle de la catostoma.

HELIX PALÆA.

Testa imperforata, depressa, supra convexa, subtus compressa, striatula, zonata; spira convexa; apice minuto, lævigato; — anfractibus 5 convexiusculis, regulariter celeriterque crescentibus, sutura lineari vel parum impressa separatis; ultimo subrotundato, compresso præsertim subtus, ad aperturam valde ac sat regulariter descendente; — apertura obliqua, exigua, lunato-oblonga; peristomate incrassato, obtusato, leviter expanso, in adultissimis speciminibus continuo; margine columellari stricto, valido, tuberculifero, late reflexo ad locum perforationis; marginibus approximatis, callo junctis.

Coquille imperforée, déprimée, convexe en dessus, comprimée en dessous, faiblement striée et ayant dû être zonée. Spire convexe, à sommet lisse et petit. Cinq tours légèrement convexes, à croissance rapide et régulière, séparés par une suture linéaire ou faiblement prononcée. Dernier tour presque arrondi, comprimé surtout en dessous et offrant, vers l'ouverture, une direction descendante, non brusque, mais régulière. Ouverture oblique, petite, un peu échancrée, de forme oblongue. Péristome épaissi, obtus, faiblement évasé, devenant continu chez les vieux individus. Bord columellaire assez rectiligne, robuste, comprimé, tuberculeux. Callus columellaire recouvrant toute la partie ombilicale. Bords marginaux rapprochés et réunis chez les jeunes individus par une callosité plus ou moins épaisse.

Hauteur. . .	10 millimètres.
Diamètre. . .	19 —

Cette Hélice se distingue :

1° De la *catostoma* par sa forme moins globuleuse, plus déprimée; par ses tours à croissance plus rapide; par son ouverture oblique et non horizontale et regardant la base; enfin surtout par son dernier tour de spire descendant régulièrement et non d'une façon brusque et aussi rapide que celui de la catostoma.

2° De la *stomatoloxa* par sa taille plus petite et relativement plus déprimée; par son ouverture moins oblique, légèrement échancrée; par son dernier tour descendant d'une façon plus régulière, moins brusque, ni avec autant de rapidité, etc.

HELIX GERALÆA.

Testa imperforata, depresso-globulosa, subcarinata (carina in ultimo evanescens); — spira parum convexa; apice obtuso; — anfractibus 5, prioribus vix convexiusculis, ultimo convexiore, regulariter celeriterque crescentibus, sutura vix (in ultimo magis) impressa separatis; — ultimo majore, subrotundato, subtus inflato, ad aperturam subito perdeflexo-descendente; — apertura perobliqua, exigua, oblonga; peristomate incrassato, obtusato, leviter expanso, subcontinuo; margine columellari stricto, vix tuberculifero, late reflexo ad locum perforationis.

Coquille imperforée, déprimée, globuleuse, pourvue d'une carène qui s'évanouit sur le dernier tour. Spire peu convexe, à sommet obtus. Cinq tours à peine convexes, à l'exception du dernier qui l'est un peu plus. Croissance régulière et rapide. Suture presque linéaire ou assez prononcée au dernier tour. Ce tour, plus grand, presque arrondi, renflé en dessous, présente vers l'ouverture une direction descendante subite et des plus rapides. Ouverture très-oblique, petite, de forme oblongue. Péristome encrassé, obtus, épais, faiblement évasé, presque continu. Bord columellaire comprimé, offrant une éminence tuberculeuse très-émoussée et peu sensible. Callus columellaire largement appliqué sur la partie ombilicale, qu'il recouvre entièrement.

Hauteur. . . .	10 millimètres.
Diamètre. . . .	18 —

L'Helix geralæa se distingue

1° De la *catostoma* par ses tours carénés; par sa spire plus déprimée, moins convexe; par son dernier tour descendant moins brusquement et moins rapidement; par son ouverture très-oblique, mais non horizontale et ne regardant pas la base comme celle de la catostoma;

2° De la *stomatoloxa* par son test moitié plus petit, par ses tours carénés, à l'exception du dernier qui s'arrondit et qui est plus renflé en dessous, etc.....;

3° De la *pa*... par sa carène; par son ouverture plus oblique, moins échancrée; par son test plus renflé en dessous; par son dernier tour présentant une direction descendante plus brusque et plus rapide, etc.....

HELIX ARCHÆA.

Testa imperforata, parvula, ventricosa, supra valide convexa, subtus compressa; spira convexa; apice obtuso; — anfractibus 5 convexiusculis, celeriter regulariterque crescentibus, sutura parum impressa separatis; — ultimo majore, rotundato, subtus leviter compresso, ad aperturam lente ac valide descendente; — apertura obliqua, lunata, transverse oblonga; peristomate incrassato, obtusato, leviter expanso; margine columellari valido, rectiusculo, stricto, subtuberculifero; marginibus (in adultissimis speciminibus) callo valido junctis.

Coquille imperforée, de petite taille, ventrue, très-convexe en dessus, comprimée en dessous. Spire bien convexe, comme conique. Sommet fort et obtus. Cinq tours peu convexes, à croissance régulière et rapide, séparés par une suture peu prononcée. Dernier tour plus grand, arrondi, légèrement comprimé en dessous et offrant vers l'ouverture une direction descendante lente, régulière, quoique assez rapide. Ouverture oblique, échancrée, transversalement oblongue. Péristome épaissi, obtus, un peu évasé. Bord columellaire robuste, assez rectiligne, comprimé et présentant vers sa partie médiane une éminence tuberculeuse très-émoussée. Bords marginaux réunis par une callosité plus ou moins épaisse.

Hauteur. . . .	10 millimètres.
Diamètre. . . .	15 —

Cette espèce se distingue de toutes les autres de son groupe par sa taille plus petite; par sa spire relativement plus convexe, plus ventrue; par ses tours à croissance plus rapide; par son sommet plus gros et plus obtus, etc.

HELIX EUSTRONGYLA.

Testa obtecte perforata, undique rotundato-globosa, sicut globulus; spira convexa subito (in cono rotundato-obtusissimo) attenuata; apice minuto, paululum prominente; — anfractibus 6 convexiusculis, confertis, celeriter (in altitudine) crescentibus, ac sutura impressa separatis; — ultimo majore, exacte rotundato, ad aperturam lente ac leviter descendente; — apertura perobliqua vix lunata, subrotundata; peristomate intus labiato undique expanso; margine columellari reflexo, perforationem omnino tegente; marginibus callo junctis.

Coquille arrondie, globuleuse de tous côtés, comme une petite boule, et pourvue d'une perforation ombilicale toujours recouverte par le bord columellaire. Spire convexe, atténuée, obtuse-arrondie, terminée par un sommet petit et proéminent. Six tours faiblement convexes, serrés les uns contre les autres dans le sens de la hauteur et s'accroissant avec assez de rapidité. Suture bien prononcée. Dernier tour relativement plus grand, exactement arrondi et présentant vers l'ouverture une direction légèrement et lentement descendante. Ouverture très-oblique, à peine échancrée, subarrondie, dilatée surtout dans le sens de la hauteur. Péristome bordé à l'intérieur et réfléchi. Bord columellaire réfléchi et appliqué sur la perforation ombilicale qu'il recouvre entièrement. Bords marginaux réunis par une callosité plus ou moins épaisse.

Hauteur. . . .	14 millimètres.
Diamètre. . . .	15 —

HELIX EUSPHÆRIDIA.

Testa angustissime perforata, inflato-globulosa, supra paululum conica, subtus leviter compressa; — spira globoso-conica; apice minuto; — anfractibus 6 convexiusculis, subangulatis, regulariter lenteque crescentibus, sutura vix impressa separatis; ultimo paululum majore, subangulato, subtus compresso, ad labrum columellare coarctato et ad aperturam subito deflexo-descendente; — apertura perobliqua, basin spectante, angusta, coarctata, paululum lunata, subangulato-oblonga; peristomate simplici, expanso; margine columellari valido, incrassato ac reflexo; marginibus callo junctis.

Coquille renflée-globuleuse, un peu conique en dessus, légèrement comprimée en dessous et pourvue d'une perforation ombilicale excessivement étroite. Spire globuleuse-coniforme, terminée par un sommet petit, non proéminent. Six tours subanguleux, faiblement convexes, à croissance lente et régulière, séparés par une suture peu prononcée. Dernier tour un peu plus développé, subanguleux, comprimé en dessous, contracté vers le bord columellaire et présentant vers l'ouverture une direction descendante subite et très-rapide. Ouverture très-oblique, regardant la base, étroite, contractée, légèrement échancrée, de forme oblongue, subanguleuse. Péristome simple, dilaté. Bord columellaire robuste, encrassé et réfléchi. Bords marginaux réunis par une callosité.

Hauteur. . . .	10 1/2 millimètres.	
Diamètre. . . .	13	—

HELIX EUSTELLOSTOMA.

Testa vix perforata aut imperforata, globulosa, supra coniformi, subtus leviter compressa; spira globoso-conica, apice minuto, obtuso; — anfractibus 6 subangulatis, vix convexiusculis, lente ac regulariter crescentibus, sutura lineari aut vix impressa separatis; ultimo vix majore, subangulato, ad aperturam rotundato, ad labrum columellare valide coarctato, ad insertionem labri externi plicatulo et leviter descendente; — apertura obliqua, angusta, lunata, transverse suboblonga; peristomate reflexo; labro externo ad insertionem eleganter plicato; margine columellari valido, incrassato, dentifero ac expanso; marginibus callo junctis.

Coquille imperforée ou à peine perforée, de forme globuleuse, légèrement conique en dessus et faiblement comprimée en dessous. Spire globuleuse-conique, à sommet petit et obtus. Six tours subanguleux, à peine convexes, à croissance lente et régulière, séparés par une suture linéaire ou très-peu profonde. Dernier tour à peine plus grand, subanguleux, puis arrondi vers l'ouverture, légèrement descendant et un peu plissé vers la partie supérieure du labre externe, enfin offrant vers le bord columellaire une forte contraction qui lui donne une apparence gibbeuse remarquable. Ouverture oblique, étroite, étranglée dans le sens de la hauteur, échancrée et transversalement oblongue-allongée. Péristome réfléchi. Bord externe légèrement plissé à sa partie supérieure. Bord columellaire robuste, encrassé, épaissi et orné d'une petite dent terminale. Bords réunis par une faible callosité.

Hauteur. . . . 10 millimètres.
Diamètre. . . . 11 —

Cette Hélice se distingue de l'*euspharidia* par son dernier tour descendant lentement et faiblement; par son ouverture bien moins oblique, étranglée dans le sens de la hauteur; par le plissement supérieur du labre externe; par le bord columellaire plus robuste, plus épaissi et muni d'une denticulation terminale; enfin par la contraction basilaire du dernier tour bien plus prononcée, etc.

BULIMUS DECOLLATUS.

Helix decollata, *Linnæus*, Syst. Nat. (éd. X), I, p. 773, 1758.
Bulimus decollatus, *Bruguière*, Encycl. Meth. Vers., I, p. 326, 1789.

Les divers échantillons recueillis dans les marnes bleuâtres des Doui-Husseni appartiennent bien à l'espèce actuelle si commune dans le nord de l'Afrique.

Lors de la publication, en 1862, de notre *Paléontologie de l'Algérie* (p. 70), j'ai constaté cette même espèce à l'état fossile dans les argiles gypseuses de Coudiat-Aty, près de Constantine (1), ainsi que dans les falaises de sables con-

(1) C'est pour les échantillons de cette localité que M. *Coquand* (Géol. et paléont. de la région sud de la prov. de Constantine, p. 264, pl. XXIX, fig. 19, 1862) a créé la nouvelle appellation de Bulimus Bavouxi.

glomérés du fort de l'eau, près d'Alger; — les calcaires de Guyotville, de Ras-Acatra, de Fouka près Koléah, de Tipaza, etc.; — les sables d'Assi-el-Aricha, près de Tigri; — les dépôts de l'Oued-Keroua, près d'El-Abiod-Sidi-Cheikh, à 35 lieues sud-ouest de Geryville; — enfin, dans les calcaires récents des environs d'Oran et de l'île de Rachgoun, à l'embouchure de la Tafna.

VI

J'ai établi tout à l'heure :

1° La constance *du plongement vers le sud* d'assises de grès et de marnes s'alternant les unes aux autres;

2° La persistance, au-dessus de ces assises, d'une couche uniforme et *horizontale* de conglomérat.

Par les fossiles, je viens également d'établir :

1° Que ces marnes et ces grès étaient de l'époque pliocène;

2° Que les couches horizontales étaient de la période quaternaire.

Or il résulte de ces points établis ce fait important et incontestable, que le grand soulèvement, un des derniers de la chaîne atlantique, qui a donné au sol algérien le relief actuel qu'on lui connaît, a eu lieu à la fin de l'époque pliocène et avant le commencement de la période quaternaire.

Ces assises pliocènes soulevées dans la direction du sud au-nord, et la présence, *en lits horizontaux* sur ces assises, des couches quaternaires, sont la preuve indéniable de cette conclusion.

La chaîne atlantique de l'Ouaransenis, qui s'étend sur une si vaste étendue dans les provinces d'Oran et d'Alger, date donc de l'époque pliocène, à la fin de la période tertiaire.

VII

Je viens de prouver, et cela sans hypothèse, que le principal soulèvement de la chaîne atlantique s'était effectué avant le dépôt des couches horizontales du quaternaire.

J'ai ajouté *un des derniers*, il faut que je m'explique :

Je connais, en effet, à partir de cette époque, deux autres soulèvements plus ou moins considérables, qui ont modifié d'une manière sensible tout le nord du continent africain.

Ces soulèvements ont eu lieu pendant le cours de la période quaternaire, à deux époques bien distinctes, dont une, la dernière, est très-rapprochée de notre époque historique.

Les anciennes traditions des hommes en ont conservé comme un vague souvenir.

Les hauts plateaux du sersou de Sebaïn-Aïoun, au douar des Doui-Hasseni, offrent des preuves frappantes d'une de ces perturbations de la période quaternaire, comme je vais le montrer.

Mais auparavant, je suis forcé de dire un mot du relief du pays, pour faire comprendre plus facilement ce que j'ose avancer.

Si l'on examine avec attention une carte de l'Algérie, l'on reconnaît qu'il existe deux zones montagneuses sensiblement parallèles ; l'une que l'on peut appeler le massif *méditerranéen*, l'autre le massif *intérieur* ou le vrai Atlas.

Entre ces deux massifs existe une série de failles et de dépressions qui constituent maintenant des vallées alluvionnaires plus ou moins larges.

Le grand massif *intérieur* règne, depuis le Maroc jusqu'à la Tunisie, sous les noms de Djebel-Beni-Smiel, près de Tlemcen; d'Oum-ed-Debban, de Chareb-er-Rih', de l'Ouaransenis, au sud d'Orléansville; de la Mouzaia, près de Médéah; du Dira, près d'Aumale; de Guerion, au sud-est de Constantine ; de la Mahouna, près de Guelma; etc... La zone inférieure de ce grand massif règne également sous les noms de Djebel-Ksau, au sud des Chotts; de Djebel-Amour, au sud de Sersou; de Djebel-Sahari, au sud des Zahrès; de Djebel-bou-Kahil, au sud du Hodna; enfin de Djebel-Aurès, au sud des Sbakhr.

Entre ces deux zones montueuses du grand massif intérieur existe tout un système de hauts plateaux, qui, du Maroc à la Tunisie, s'étend sur toute la partie centrale de l'Algérie. Ces hauts plateaux, anciens bas-fonds, lors du soulèvement, se sont remplis à la longue et forment maintenant d'immenses plaines dénudées qui doivent à leur végétation et à leur aspect le nom de steppes.

Sur ces hauts plateaux, dans ces grandes plaines, « les eaux captives, comme le dit Piesse dans son excellent *Guide de l'Algérie*, ne trouvent plus d'issues vers la Méditerranée; elles s'écoulent par des pentes douces vers de grands lacs salés appelés *chott* ou *sebkhra*, qui occupent le fond des plaines. Le Cheliff seul fait exception à cette règle, en ce qu'il traverse à la fois et la zone plate de l'intérieur et le bourrelet montagneux du littoral.

« Cette série de bassins larges et plats fermés, en y joignant la vallée supérieure du Cheliff, détermine cinq régions que les indigènes désignent sous les noms de 1° Sbakhr (pluriel de Sebkhra), 2° Hodna, 3° Zahrès, 4° Sersou et Chotts.

« La plaine des *Sbakhr* s'étend entre les montagnes d'où sort la Medjerda, et le plateau de la Medjana, d'où s'écoule le Bou-Sellam. Elle comprend une série de petits lacs adossés aux trois plateaux de la Seybouse, du Rummel et du Bou-Sellam. Le *Hodna* est la grande plaine formée par le lac salé de Msila. Le *Zahrès* est la plaine formée par les deux lacs salés du même nom. Le *Sersou* est la plaine traversée par le haut Cheliff. La plaine des *Chotts* est celle que déterminent les lacs salés, désignés sous les noms de Chott-el-Chergui, Chott-el-Gharbi et Chott de Tigri. »

L'aspect actuel du sol algérien montre donc que, lorsque le massif de l'Atlas sortit du sein des eaux et qu'il prit son relief à la fin de la période tertiaire, il présentait, à l'origine, à sa partie centrale, une zone de bas-fonds emprisonnée entre deux zones presque parallèles de montagnes.

Voici, du reste, une coupe théorique qui fera mieux comprendre, que toutes les explications possibles, l'ensemble du soulèvement et les reliefs du sol algérien.

Cette coupe, dont j'ai un peu, relativement à son étendue, exagéré les hauteurs, est prise de la Méditerranée au grand désert du Sahara, d'après une ligne qui passerait par Milianah, Téniet-el-Haad, Aïn-Toukria et les hauts plateaux du Sersou.

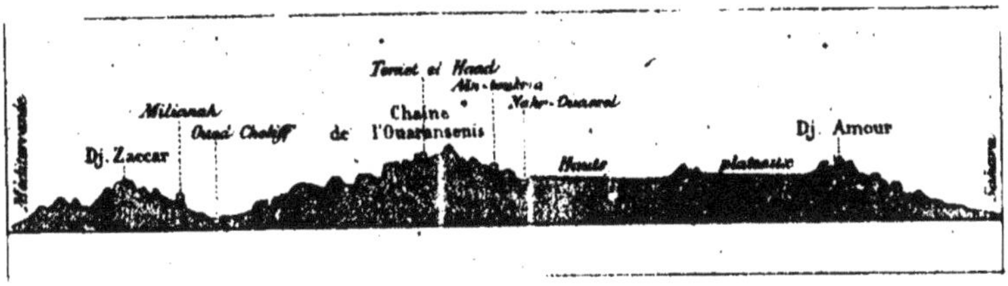

Or, lorsque le massif central de l'Atlas fut soulevé, tout le plateau du Sersou formait, comme aux Sbakhr, au Hodna, aux Zahrès et Chotts, une vaste dépression, un immense bas-fond, où les eaux n'avaient aucune issue. La faille près de Boghar, par où s'engouffrent actuellement les eaux de tout le plateau, n'existait pas.

On en a la preuve évidente dans la stratification uniforme et horizontale des couches quaternaires.

Pendant, donc, toute l'époque *la plus ancienne* du quaternaire, les eaux s'amassèrent dans cette vaste dépression, charriant, amoncelant toutes les pierres, tous les cailloux enlevés aux montagnes environnantes et déposant tous les débris, toutes les parties terreuses dont elles étaient chargées.

C'est ainsi que furent déposés, à des époques successives, la couche à conglomérat, les argiles rougeâtres à Helix, les grès fins constatés aux Doui-Hasseni. Ces assises diverses appartiennent, selon moi, à la première époque quaternaire.

Au-dessus de ces couches horizontales les eaux avaient encore déposé l'assise du travertin, puis une autre d'argiles terreuses, quand survint un mouvement ascensionnel dans tout le massif, et qu'une rupture eut lieu vers Boghar.

Alors il arriva que les eaux, trouvant une issue, se précipitèrent par cette rupture, et, en se précipitant, entraînèrent, avec elles, la dernière couche d'argiles terreuses déposée sur le travertin, dénudèrent même celui-ci, ainsi qu'une partie des autres couches inférieures, et finirent, sur quelques points, par entamer les dépôts pliocènes.

Ainsi se creusa, petit à petit, à la suite des siècles, la vallée du Nahr-Ouassel.

Les immenses matériaux enlevés de tout le Sersou allèrent combler la vaste dépression du Cheliff, où ils forment, maintenant, au fond de la vallée, un gigantesque remblai alluvionnaire, que les géologues ont baptisé du nom de diluvium.

Le soulèvement qui amena ces perturbations du haut plateau du Sersou date du milieu de la deuxième époque quaternaire.

Ce soulèvement, cause de ces perturbations et de ces dénudations, que je viens de signaler, a laissé encore au Sersou d'autres traces évidentes de sa manifestation.

Ainsi, pendant mon voyage de Sebaïn-Aïoun aux Doui-Hasseni, j'ai reconnu un endroit où les couches pliocènes, boursouflées par une pression intérieure, avaient produit également sur le conglomérat, déposé en dessus, un boursouflement analogue.

A une heure d'Aïn-Sedra, j'ai constaté, en effet, sur une assez grande étendue, un affleurement de grès pliocènes (voyez, ci-dessus, p. 10), dû à un gonflement intérieur. J'ai parfaitement remarqué que, en cet endroit, le conglomérat avait été nivelé par les courants, qui, ayant plus de prise, l'avaient entièrement dénudé.

Coupe prise sur la rive droite du Nahr-Ouassel.

L'examen des couches horizontales du Sersou ne laisse donc aucun doute sur l'action perturbatrice de ce soulèvement.

C'est donc à partir de cette perturbation que les eaux non-seulement ne continuèrent plus à remplir de leur limon cette immense dépression, mais encore qu'elles commencèrent à déblayer le haut plateau et à creuser la vallée du Nahr-Ouassel.

Avant cette perturbation, les couches quaternaires allaient butter sur les collines de la rive gauche du Nahr-Ouassel, ainsi que le montre cette coupe théorique de cette partie de l'Algérie que je viens de reconstituer telle qu'elle devait se trouver.

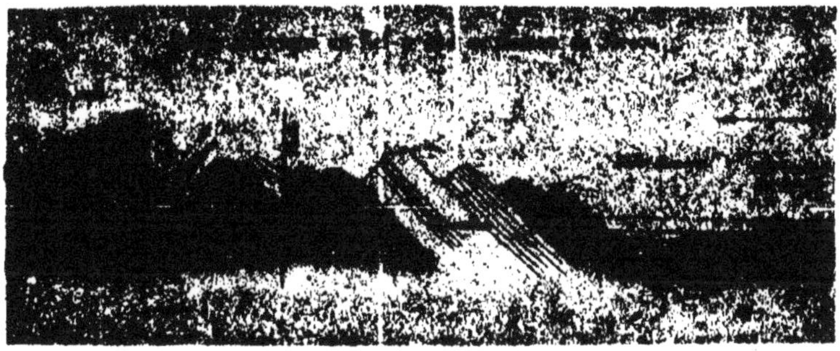

De toutes ces observations il résulte :

1° Que la chaîne *intérieure* de l'Atlas des provinces d'Oran et d'Alger a été soulevée à la fin de la période tertiaire, après le dépôt des terrains pliocènes ;

2° Que cette chaîne présentait, entre ses deux zones montueuses nord et sud, c'est-à-dire à sa partie centrale, de vastes dépressions sans issues ;

3° Que ces dépressions se sont remplies de dépôts jusque vers le milieu de la deuxième époque quaternaire ;

4° Qu'à ce moment survint un nouveau soulèvement de toute la chaîne, et que c'est à ce soulèvement qu'il faut attribuer la faille de Boghar, dans laquelle s'écoulent les eaux ;

5° Que les eaux, en trouvant une issue et en s'engouffrant dans ce passage, ont déblayé une partie des hauts plateaux du Sersou ;

6° Que, depuis ce passage donné aux eaux, les dépôts sur ce haut plateau ne se sont plus effectués ;

7° Par conséquent, que les couches horizontales du Sersou, que j'ai examinées, sont antérieures à ce soulèvement;

8° Et, enfin, d'après cette conséquence, que ces couches datent de la première et du commencement de la deuxième époque quaternaire.

PLANCHE I.

EXPLICATION DE LA PLANCHE I.

1.	Helix euthygyra,	coquille, vue en dessus,	de grandeur naturelle.
2.	Id.,	coquille, vue de face,	id.
3.	Id.,	coquille, vue en dessous,	id.
4.	Id.,	coquille, vue de profil,	id.
5.	Helix catostoma,	coquille, vue de face,	id.
6.	Id.,	coquille, vue de profil,	id.
7.	Id.,	coquille, vue en dessus,	id.
8.	Id.,	coquille, vue en dessous,	id.
9.	Helix stomatoloxa,	coquille, vue en dessus,	id.
10.	Id.,	coquille, vue en dessous,	id.
11.	Id.,	coquille, vue de profil,	id.
12.	Id.,	coquille, vue de face,	id.

PL. 1.

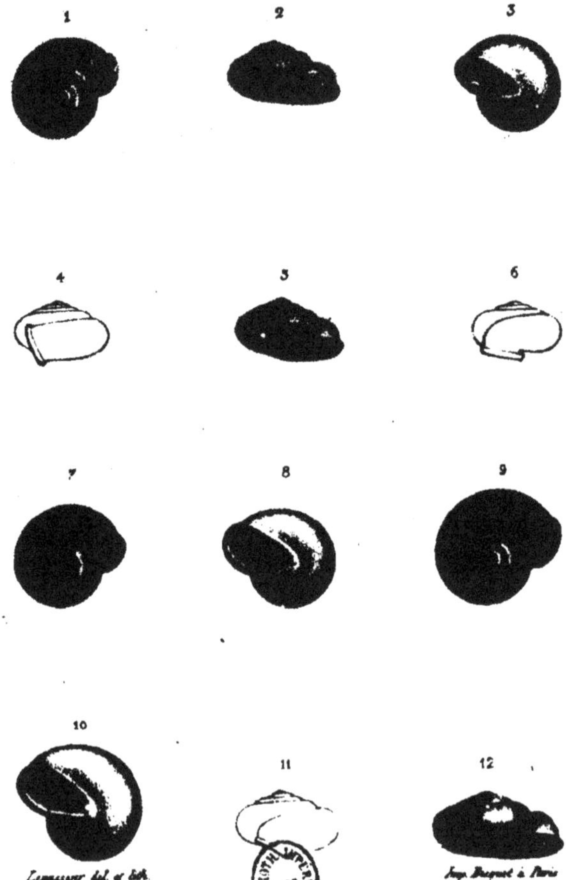

Levasseur del. et lith.

Imp. Becquet à Paris

Challamel, Libr. Edit.

EXPLICATION DE LA PLANCHE II.

1.	HELIX PALÆA,	coquille, vue en dessus, de grandeur naturelle.	
2.	Id.,	coquille, vue de face,	id.
3.	Id.,	coquille, vue en dessous,	id.
4.	Id.,	coquille, vue de profil,	id.
5.	HELIX GERALÆA,	coquille, vue de face,	id.
6.	Id.,	coquille, vue de profil,	id.
7.	Id.,	coquille, vue en dessus,	id.
8.	Id.,	coquille, vue en dessous,	id.
9.	HELIX ARCHÆA,	coquille, vue en dessus,	id.
10.	Id.,	coquille, vue en dessous,	id.
11.	Id.,	coquille, vue de profil,	id.
12.	Id.,	coquille, vue de face,	id.

PL. 2

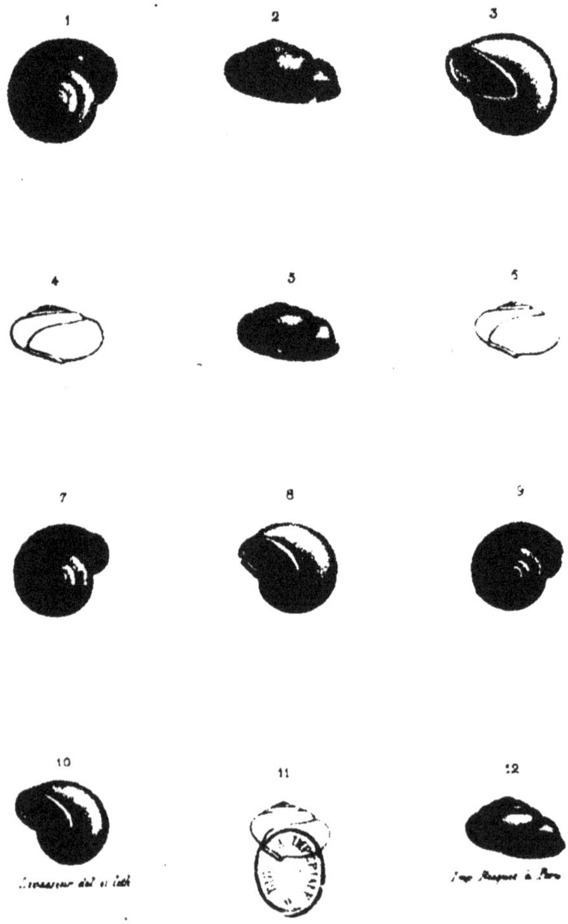

Levasseur del. et lith.   Imp. Becquet à Paris

Challamel Libr. Edit.

PLANCHE III.

EXPLICATION DE LA PLANCHE III.

---

1. Helix eustrongyla, coquille, vue en dessus, de grandeur naturelle.
2. Id., coquille, vue de profil, id.
3. Id., coquille, vue de face, id.
4. Id., coquille, vue en dessous, id.
5. Helix eusphæridia, coquille, vue en dessus, id.
6. Id., coquille, vue de face, id.
7. Id., coquille, vue de profil, id.
8. Id., coquille, vue en dessous, id.
9. Helix eusteliostoma, coquille, vue en dessus, id.
10. Id., coquille, vue de profil, id.
11. Id., coquille, vue de face, id.
12. Id., coquille, vue en dessous, id.
13. Creseis Dussertiana, coquille de grandeur naturelle.
14. Id., coquille grossie.
15. Creseis Letourneuxi, coquille de grandeur naturelle.
16. Id., coquille grossie.
17. Neæra Maresi, coquille de grandeur naturelle.
18. Id., coquille grossie.
19. Cleodora Maresi, coquille de grandeur naturelle.
20. Id., coquille grossie.
21. Id., coquille grossie, vue de profil.

Paris. — Imprimerie de Mme Ve Bouchard-Huzard, rue de l'Éperon, 5.

PL. 3.

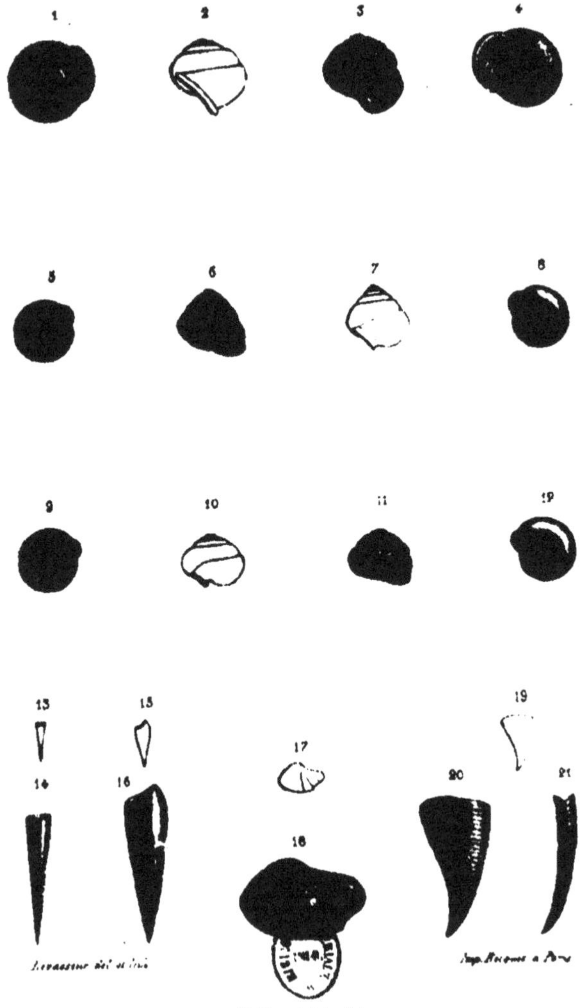

Levasseur del. et lith. — Imp. Becquet à Paris

Challamel Libr. Edit.

www.ingramcontent.com/pod-product-compliance
Ingram Content Group UK Ltd.
Pitfield, Milton Keynes, MK11 3LW, UK
UKHW032009260826
14628UKWH00005B/2382

9 782013 421379